Dr Emile LAURENT

Ancien interne à l'Infirmerie centrale des Prisons de Paris

LES
SUGGESTIONS CRIMINELLES

Viols. — Faux et captations

Faux témoignages. — Viols moraux. — Les suggestions en amour

Gabrielle Fenayrou et Gabrielle Bompard

(CINQ PORTRAITS HORS TEXTE)

LYON

A. STORCK, ÉDITEUR

78, Rue de l'Hôtel-de-Ville

PARIS

SOCIÉTÉ D'ÉDITIONS SCIENTIFIQUES

4, Rue Antoine Dubois

1891

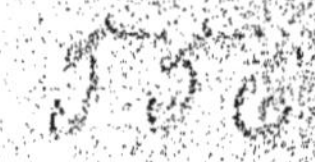

LES SUGGESTIONS CRIMINELLES

Dr Emile LAURENT

Ancien interne à l'Infirmerie centrale des Prisons de Paris

LES
SUGGESTIONS CRIMINELLES

Viols. — Faux et captations

Faux témoignages. — Viols moraux. — Les suggestions en amour

Gabrielle Fenayrou et Gabrielle Bompard

(CINQ PORTRAITS HORS TEXTE)

LYON
A. STORCK, ÉDITEUR
78, Rue de l'Hôtel de-Ville

PARIS
SOCIÉTÉ D'ÉDITIONS SCIENTIFIQUES
4, Rue Antoine Dubois

1891

LES SUGGESTIONS CRIMINELLES

Par le Dᵣ Emile LAURENT

Ancien interne à l'Infirmerie centrale des prisons de Paris

I

Les suggestions criminelles au Congrès de l'hypnotisme.

Comme l'Anthropologie criminelle, comme toute science nouvelle, l'hypnotisme est à la mode. La psycho-thérapie suggestive, d'abord rejetée par les médecins qui maintenant en réclament le monopole, fait des merveilles. Les biologistes, les médecins, les magistrats, les jurisconsultes, étudient les phénomènes de l'hypnotisme et les expliquent d'une façon scientifique et rationnelle.

Parmi toutes ces questions, il en une qui touche de près à l'anthropologie criminelle, et qui nous intéresse au plus haut point : c'est celle des suggestions criminelles. Il y a là un grand problème, et des théories grosses de conséquences.

Au dernier Congrès international de l'hypnotisme, cette question a été discutée et vivement controversée. L'école de Paris et l'école de Nancy ont rompu quelques lances et lui ont donné un regain d'actualité encore plus vif.

Je voudrais résumer et analyser aussi impartialement que possible l'état actuel de cette question délicate.

II

Le viol pendant l'état de somnambulisme. — Une fille endormie vierge et se réveillant enceinte. — Les zones hypnogènes.

« Le véritable crime inhérent à l'hypnotisme et aux états analogues, c'est le viol », (1) dit M. Gilles de la Tourette. La possibilité de commettre un viol sur une somnambule en état de léthargie est un fait indéniable et ce cas s'est déjà présenté plusieurs fois devant les tribunaux. C'est un fait bien connu ; je n'y insisterai pas, d'autant mieux qu'il est un peu en dehors de mon sujet.

Cependant il y a dans cette question un point secondaire qui me paraît d'une haute importance au point de vue médico-légal et que plusieurs auteurs, en particulier Pitres, Gilles de la Tourette, Ladame, Liégeois ont signalé.

Lorsqu'une femme se plaint d'avoir été violée, en état de léthargie, par un individu qui lui est plus ou moins étranger et quelquefois complètement inconnu, le juge ne manque pas d'exprimer son étonnement. Pour qu'une fille se laisse endormir, il faut que l'hypnotiseur lui inspire une certaine confiance ou présente au moins certaines garanties morales. Qu'elle se laisse au contraire plonger en léthargie par le premier venu et quelquefois par un individu plus ou moins antipathique, est-ce croyable ? Il faudrait donc admettre que la femme a pu être endormie contre sa volonté ! M. le professeur Pitres, de Bor-

(1) Gilles de la Tourette p. 490 *L'hypnotisme et les états analogues au point de vue médico-légal.* Paris, 1887.

deaux, en découvrant les zones hypnogènes, a démontré que les sujets sensibles à l'hypnotisme, pouvaient être endormis par la pression de ces zones cutanées, par surprise et contrairement à leur volonté. Le viol alors devient possible dans ces conditions. « L'étude des cas qui ont fait l'objet d'une enquête ou d'un jugement, dit M. Ladame, nous prouve que presque toutes les femmes violées pendant l'hypnotisme, ont été endormies par surprise et sans leur consentement ». (1)

M. Pitres a cité un fait de ce genre tout à fait caractéristique. Une hystérique somnambule quitte son service absolument et sûrement vierge. Elle sort en compagnie d'une autre hystérique et elles rencontrent deux messieurs qui leur offrent à déjeûner. « Nous arrivâmes, raconte-t-elle, dans un petit restaurant en dehors de la ville. Un des messieurs voulut m'embrasser; je me fâchai vivement, et on se mit à déjeûner sans qu'il renouvelât ses tentatives. Quand le déjeûner fut fini, mon amie me laissa seule avec lui. Il voulut encore m'embrasser; je me défendis, je le menaçai de crier et je pris même une chaise pour me défendre. Il s'élança sur moi et me saisit les bras. Alors je perdis connaissance et je ne sais plus ce qui s'est passé. Quand je revins à moi, nous étions tous les quatre dans la salle du restaurant et c'était le moment de partir. Je m'aperçus que j'étais mouillée aux parties et que j'y éprouvais un peu de douleur. Je revins à Bordeaux et je rentrai chez moi ». Neuf mois après ce jour, la malheureuse accouchait d'un enfant à terme.

Le viol peut encore être commis sur une somnambule pendant la période dite de léthargie lucide, pendant cet état où l'hypnotisée entend tout, mais ne peut réagir, paralysée, immo-

---

(1) Ladame : *L'hypnotisme et la médecine légale. In Archives de l'Anthropologie criminelle*, 1887.

bilisée par la suggestion, et comme « enveloppée d'une chemise de plomb ». Lorsque le vagabond Castellan violait Joséphine H., il est probable que la victime se trouvait dans cet état particulier.

III

Est-ce un crime de cohabiter avec une personne en état de somnambulisme. — Une hystérique violée par un étudiant en médecine.

Maintenant peut-on violer une femme en état de somnambulisme? Et, seconde question, corollaire de la première, est-ce un viol, un crime, que de cohabiter avec une femme plongée dans le sommeil somnambulique, si, dans cet état, on obtient son consentement?

« Toute personne mise en état de somnambulisme, dit M. Liégeois, devient entre les mains de l'expérimentateur un pur automate, tant sous le rapport moral que sous le rapport physique. Ce n'est même pas assez dire que de la comparer à l'argile que le potier pétrit à sa guise et revêt des formes les plus variées.

« Souvent, en effet, le somnambule semble se porter de lui-même au devant des désirs de la personne qui l'a endormi. Il ne voit que ce que celle-ci veut qu'il voie, ne sent que ce qu'elle lui dit de sentir, ne croit que ce qu'elle veut qu'il croie. Toute spontanéité a disparu; une volonté étrangère a comme chassé du logis qu'elle occupait sa volonté propre; tout au moins, elle fixe elle-même les limites de son domaine, ne laissant à la pauvre expulsée que les parties du gouvernement qu'elle dédaigne ou rejette (1) ».

Donc, pour M. Liégeois, il n'y a pas de doute. La somnambule est un pur automate que celui qui l'a endormie tient sous l'empire absolu de sa volonté. La posséder dans cet état, serait par conséquent commettre un crime.

Mais, M. Gilles de la Tourette qui représente les idées de M. Charcot et de toute l'école de la Salpêtrière, est d'un avis presque diamétralement opposé. « Un individu qui plonge une femme en somnambulisme, dit-il, ne la possédera que si celle-ci veut bien, comme dans la vie normale, céder à ses désirs. Dans tout autre circonstance, il devra la violer, dans la propre acception du mot, ce qui ne se fera pas sans d'énormes difficultés, si l'on se rappelle combien est exaltée, chez les somnambules, la vigueur musculaire, au point qu'une faible jeune fille devient un véritable athlète » (2).

Et M. Gilles de la Tourette rapporte un fait de Dyce où deux individus introduits par une proxénète auprès d'une somnambule, durent la baillonner et l'attacher pour vaincre le résistance qu'on leur opposait.

M. Liégeois lui oppose d'autres faits de somnambules qui se livrèrent sans résistance et cependant malgré elles.

Tel est le fait de M. Dumontpallier, raconté par M. Hugues Le Roux (3). Une jeune fille qui était restée quelques semaines à l'Hôtel-Dieu, en passant devant un café, quelques jours après sa sortie, est appelée par des étudiants qui buvaient à la terrasse et qu'elle avait connus pendant sa maladie. Elle

(1) Liégeois, *De la suggestion et du somnambulisme dans leurs rapports avec la jurisprudence et la médecine légale.* p. 125, O. Doin, Paris, 1889.

(2) Gilles de la Tourette, *Loc. cit.*, p. 808.

(3) Voyez le Journal *Le Temps* du 30 mars 1888.

s'assit près d'eux. « Tout à coup, dit-elle, l'un d'eux se lève et m'ordonne de le suivre. Je suis obligée de lui obéir. Il m'emmène chez lui. Là, il a fait de moi tout ce qu'il a voulu ; puis, il m'a commandé de retourner seule sur le boulevard et de m'asseoir sur un banc. J'ai encore obéi, et c'est là que je me suis réveillée. » Cette fille avait été violée par un externe du service.

Voilà les deux opinions en présence : celle de l'école de Nancy et celle de l'École de Paris. Et maintenant où est la vérité ?

. Probablement et, comme d'ordinaire, entre les deux. *In medio stat virtus*. Oui, M. Liégeois a raison : il est des somnambules qui obéissent comme des automates et dont l'hypnotiseur pourrait abuser à sa guise. Oui encore, M. Gilles de la Tourette a raison : il est aussi des somnambules qui résistent et qui conservent en grande partie leur volonté, leur spontanéité volitionnelle, en face de la volonté de l'hypnotiseur. Au fond, d'ailleurs, le désaccord entre les deux écoles, n'est peut-être pas si grand qu'il paraît, puisque M. Gilles de la Tourette conclut : « Evidemment il sera possible d'obtenir d'une femme, pendant le somnambulisme, ce qu'elle n'eût jamais accordé à l'état de veille ; bien plus, nous admettons que des criminels, connaissant le phénomène de l'oubli au réveil, se croiraient beaucoup plus sûrs de l'impunité en la *violentant* pendant une période somnambulique (1). » Mais, que la somnambule se prête aux convoitises de l'hypnotiseur ou qu'elle ne s'y prête pas, les deux écoles sont d'accord pour conclure qu'il y a viol dans l'un comme dans l'autre cas.

(1) *Loc. cit.*, p. 369.

IV

*Les crimes réalisés par suggestion pendant la période somnam-
bulique. — Automatisme des somnambules.*

J'en arrive maintenant aux suggestions criminelles propre-
prement dites. « Les phénomènes de suggestion, dit le professeur Pitres, pourraient être exploités dans une intention coupable. Un malfaiteur habile pourrait faire commettre par des
sujets hypnotisés des actes criminels, et cela simplement en
suggérant au sujet des illusions sensorielles, des hallucinations
ou des impulsions automatiques en rapport avec l'acte à
exécuter » (1).

Non seulement on peut faire accomplir à certains sujets,
pendant le somnambulisme, et cela contrairement à leur volonté, des actes délictueux ou criminels, mais encore on peut
leur suggérer d'accomplir, après leur réveil, à date fixe, tel ou
tel acte déraisonnable ou coupable. « L'endormeur peut tout
développer dans l'esprit des somnambules, dit Liébault, et le
faire mettre à exécution, non seulement dans leur état de
sommeil, mais encore après qu'ils en sont sortis » (2).

Cela est incontestable et cela est admis par tous. Mais ces
suggestions post-hypnotiques, ces suggestions à échéance, sont-
elles absolument irrésistibles ? Pour l'école de Nancy, il n'y a
pas de doute. Pour eux le somnambule obéit aveuglément à la
suggestion. Selon M. Liébault, « il marche au but avec la fata-

(1) Pitres. *Des suggestions hypnotiques*, p. 51.
(2) Liébault. *Du sommeil et des états analogues*, p. 519.

lité d'une pierre qui tombe ». Et M. Beaunis dit également :
« Au jour fixé, à l'heure dite, l'acte s'accomplit et le sujet
exécute mot pour mot ce qui lui a été suggéré ; il l'exécute
convaincu qu'il est libre, qu'il agit ainsi parce qu'il l'a bien
voulu et qu'il aurait pu agir autrement ». Et plus loin :
« même quand le sujet résiste, il est toujours possible, en insis-
tant, en accentuant la suggestion, de lui faire accomplir l'acte
voulu. Au fond, l'automatisme est absolu, et le sujet ne con-
serve de spontanéité et de volonté que ce que veut bien lui en
laisser son hypnotiseur : il réalise, dans le sens strict du mot,
l'idéal célèbre : il est comme le bâton dans la main du voya-
geur » (1).

L'école de la Salpêtrière ici encore s'écarte de l'école de
Nancy ; elle ne reconnait pas aux suggestions post-hypnotiques
ce caractère de fatale irrésistibilité qui entraîne le somnambule comme l'impulsion entraîne l'épileptique. « L'hypnotisé,
dit M. Gilles de la Tourette, reste toujours quelqu'un, et il
peut manifester sa volonté en résistant aux suggestions » (2).
M. Ch. Féré soutient qu'un hypnotisé « peut résister à une
suggestion déterminée qui se trouve en opposition, par exemple,
avec un sentiment profond » (3). Pour M. le professeur Brouar-
del, « le somnambule ne réalise que les suggestions agréables
ou indifférentes que lui fait un individu agréable » (4). Enfin
M. Delbœuf soutient que « l'hypnotisé sait qu'on lui demande
de jouer une comédie » (5).

<hr>

(1) Beaunis. *Du somnambulisme provoqué. Études physiologiques et psy-
chologiques,* p. 181.

(2) *Loc. cit.* p. 137.

(3) Ch. Féré. *Les hypnotiques hystériques considérés comme des sujets
d'expérience en médecine légale.* Note communiquée à la Société médico-psy
chologique le 28 mai 1888.

(4) *Gazette des hôpitaux* numéro du 8 novembre 1887 p. 1125.

(5) Delbœuf. *L'hypnotisme et la liberté des réprésentations publiques.*

Telles sont les opinions en présence. Il ne m'appartient pas de trancher la question. Cependant je dois avouer que j'ai vu d'excellents somnambules résister victorieusement à toutes les suggestions post-hypnotiques, tandis que j'en ai vu d'autres accomplir, absolument malgré eux, des actes qui leur répugnaient manifestement et qu'ils n'auraient certainement pas accomplis dans d'autres conditions.

En tout état de cause, ne tenons compte, si vous le voulez bien, que de ces derniers. Qu'il nous suffise seulement de savoir qu'on peut amener certains somnambules à commettre malgré eux des actes préjudiciables à autrui et à eux-mêmes, et voyons quelles catégories d'actes on peut les amener à commettre ainsi.

V

Faux et captation de testaments par suggestion

D'abord on peut, et M. Liégeois a beaucoup insisté sur ce fait, faire signer à une personne hypnotisée un faux billet et lui suggérer qu'elle doit bien la somme en question, suggestion qu'elle conservera au réveil et qui deviendra pour elle une réalité.

Prenons un fait, un fait expérimental, bien entendu.

M. Liégeois dit à une dame très suggestible :

— Je vous ai, vous le savez, prêté une somme de cinq cents francs ; vous allez me signer un billet qui constatera ma créance.

— Mais, Monsieur, je ne vous dois rien ; vous ne m'avez rien prêté.

— Votre mémoire vous sert mal, madame; je vais préciser les circonstances du fait. Vous m'avez demandé cette somme et j'ai consenti à vous la prêter; je vous l'ai remise hier, ici même, en un rouleau de pièces de vingt francs.

« Sous l'action de mon regard, continue M. Liégeois, et en présence de mon affirmation faite d'un ton de sincérité, madame P... hésite; sa pensée se trouble; elle cherche dans sa mémoire; enfin, celle-ci, docile à ma suggestion, lui rappelle le fait dont je viens d'évoquer le souvenir; ce fait, pourtant imaginaire, a pris à ses yeux tous les caractères de la réalité; elle reconnait sa dette et signe le billet. Madame P... est majeure; le *Bon pour*... est écrit de sa main, conformément à l'article 1326 du Code civil; le billet est donc conforme à la loi. Si je le remettais entre les mains d'un huissier, il en poursuivrait le paiement (1) ».

Ce fait est incontestable et démontre d'une façon certaine qu'on pourrait ainsi faire souscrire de faux billets, capter des testaments, etc. Mais aussi ce n'est qu'un fait purement expérimental. Est-il admissible de croire que pareille chose puisse se réaliser dans la vie ordinaire? Pour M. Gilles de la Tourette, ce sont là « des crimes fictifs qui ne franchiront jamais la porte des laboratoires ».

Supposons, en effet, qu'un filou habile arrive à faire endosser par un somnambule un faux billet et qu'il fasse croire à celui-ci qu'il lui doit bien la somme qu'il lui réclame, qu'il lui persuade que cette somme lui a été prêtée dans telles circonstances, à telle époque, etc. Tout pourra bien aller momentanément; mais l'hypnotisé ne restera peut-être pas indéfiniment sous l'empire de la suggestion que lui a faite celui qui l'a volé;

_____

(1) Liégeois, *Loc. cit.*, p. 138.

il cherchera à se rappeler comment et pourquoi il a emprunté cette somme, ce qu'il en a fait. M. Bernheim a signalé ces réviviscences tardives de la mémoire chez les hypnotisés. Des doutes naîtront dans son esprit; il saura que M. X... le magnétise et lui fait faire une foule de choses par suggestion; ses parents et ses voisins à qui il en parlera le savent comme lui; ils s'étonneront à leur tour de cette dette inconnue et de ce billet qu'on a présenté tout à coup; on s'informera, on apprendra que la réputation de M. X... n'est pas des meilleures; une enquête se fera d'où jaillira sans doute la lumière; il faudra rendre l'argent et peut-être aller en prison. Ce sera là un procédé d'escroquerie des plus dangereux.

Je le répète, je ne doute pas que le somnambule n'obéisse dans bien des cas à la suggestion et ne paie le billet; mais il faudra le faire payer dans le plus bref délai, alors que la suggestion aura encore son effet rétroactif. Puis, aussitôt l'argent en poche, l'escroc devra filer au plus vite, car sûrement un jour ou l'autre on s'apercevra du vol. Le malfaiteur reconnaîtra bientôt que l'hypnotisme ne lui offre pas de garanties sérieuses, il abandonnera ce procédé et se contentera de passer à l'étranger en emportant la caisse.

Il serait peut-être plus facile de capter un testament, puisque le donateur, une fois mort, ne pourra plus parler. Cela me paraît plus difficile encore. On ne peut prévoir exactement la date de la mort d'un individu et il faudrait une suggestion à trop longue échéance. Et puis croyez-vous que les héritiers, étonnés de cette étrange donation, ne protesteraient pas? On prendrait des informations; on saurait que M. X... hypnotisait M. Z...; un bon procès en résulterait; et le testament serait cassé, en admettant qu'il n'arrive pas pis au légataire.

VI

Les crimes suggérés réalisés par des somnambules à l'état de veille. — Automatisme des somnambules

Passons maintenant aux suggestions criminelles proprement dites.

Vous endormez un sujet et vous lui dites : « Vous volerez telle somme, à tel endroit; et vous me l'apporterez; vous tuerez telle personne qui m'est antipathique. Puis, le crime accompli, vous irez à tel endroit éloigné et vous vous réveillerez. Mais vous ne vous rappellerez pas que vous m'avez donné l'argent; vous ne vous souviendrez pas que c'est moi qui vous ai ordonné de faire cela, vous croirez que vous avez agi *motu proprio* ».

On a fait commettre à des somnambules une foule de crimes expérimentaux de ce genre et personne ne doute qu'on puisse les amener à commettre des crimes véritables, à tuer ou à voler. Mais faut-il admettre aussi que l'auteur de la suggestion, par conséquent l'auteur véritable et responsable du crime s'assurerait ainsi l'impunité? Oh! ça, c'est une toute autre question. Je crois au contraire que, dans l'immense majorité des cas, ce serait un excellent moyen pour se faire pincer. « En présence d'un homme qui ne peut expliquer ses actes, dit M. Mesnet, qui se retranche derrière la défaillance de sa mémoire, le juge d'instruction est amené à croire à un système de défense, *il passe outre*, bien que le malade réponde invariablement *Je ne sais pas!* et que le fait accompli, qu'il ignore réellement, ait souvent eu pour témoin une nombreuse assistance (1). » Croyez-vous que le juge d'instruction passera outre? S'il est clairvoyant, ce système de défense insensé lui paraîtra au moins étrange. Il fera sans doute examiner l'inculpé par des médecins légistes, et alors on sera bien près de tenir le fil qui mènera à la découverte du véritable coupable. Et puis on ne sera pas sans s'étonner de ce crime commis sans motif.

Un criminel, s'il n'agit pas sous l'influence d'une violence impulsive, comme dans l'épilepsie, comme dans l'ivresse ou la colère, ne commet pas un crime sans raison : le vol ou la vengeance l'ont poussé. Mais, à heure fixe, tout à coup, une pensée jusqu'alors inconnue germe dans le cerveau de X... : il faut qu'il tue Z..., et il le tue. Pourquoi? Il n'en sait rien. Alors c'est un inconscient ou un fou? Croyez-vous encore qu'on ne fouillera pas le passé de cet homme, qu'on ne connaîtra pas ses relations et qu'on ne finira pas par mettre la main sur celui qui avait intérêt à faire commettre ce crime! « A la grande rigueur, dit M. Gilles de la Tourette, conçoit-on, dans les très grandes villes, où tant de crimes indépendants de la suggestion restent inconnus, la possibilité de tels actes et l'impunité pour le suggestionneur. Mais en province, à la campagne, cela nous semble parfaitement impossible (2) ». Je crois que M. Gilles de la Tourette est dans le vrai, et qu'un malfaiteur qui se servirait d'un somnambule pour commettre un vol ou un meurtre, diminuerait ses chances d'échapper à la justice.

____

(1) Mesnet, *Etude médico-légale sur le somnambulisme spontané et le somnambulisme provoqué.* In *Revue de l'hypnotisme*, numéro d'avril 1887, p. 310.

(2) *Loc. cit.*, p. 376.

VII

*Les faux témoignages provoqués par suggestion et les halluci-
nations rétroactives*

Quant aux faux témoignages provoqués par les suggestions
directes ou par des hallucinations rétroactives, ils me parais-
sent un peu plus facilement réalisables. On peut, en effet, suggérer à une somnambule d'aller porter faux témoignage contre
telle ou telle personne, et elle ira vraisemblablement; ou bien
on peut la tromper en lui faisant voir par des hallucinations
rétroactives des choses qui n'ont jamais existé et qu'elle affir-
mera, sous la foi du serment, avoir vues.

M. Bernheim dit à une de ses somnambules : « Le 3 août, il
y a quatre mois et demi, à trois heures de l'après-midi, vous
rentriez chez vous; arrivée au premier étage, vous avez entendu
des cris sortant d'une chambre; vous avez regardé par le trou
de la serrure; vous avez vu le vieux garçon qui habite dans
la maison, commettant un viol sur la plus jeune petite fille;
vous l'avez vu; la petite fille se débattait, elle saignait; il lui
mit un baillon sur la bouche. Vous avez tout vu et vous avez
été tellement saisie que vous êtes rentrée chez vous et que vous
n'avez rien osé dire. Quand vous vous réveillerez, vous n'y pen-
serez plus; ce n'est pas moi qui vous l'ai dit; ce n'est pas un
rêve; ce n'est pas une vision que je vous ai donnée pendant
votre sommeil magnétique; c'est la réalité même; et si la justice
vient plus tard faire une enquête sur ce crime, vous direz la

vérité (1) ». Trois jours après, cette femme interrogée par un magistrat, raconta toute la scène de viol et, la main sur un brasier, elle aurait juré qu'elle y avait assisté.

Evidemment, dans cet exemple, l'interrogatoire et l'examen de la petite fille auraient vite démontré la fausseté et l'inanité de ce témoignage. Mais si on avait fait croire à cette dame qu'elle avait été violée elle-même par ce vieux monsieur, et si ce dernier n'eût pu invoquer un alibi, la chose eût été plus grave. Je crois cependant que la vérité aurait encore pu se faire, car la plaignante n'aurait pu fournir des détails suffisamment précis.

M. Liégeois va beaucoup plus loin. « Je suppose, dit-il, un crime effectivement commis; un homme a été assassiné, par exemple. Je me renseigne exactement sur toutes les circons-tances du fait, et je donne à quelques-uns des somnambules que fournit chaque jour la clinique du docteur Liébault, une hallucination identique. Je leur fais *voir*, à tous successive-ment, les différents actes du drame; ils *voient* l'assassin guet-tant sa victime; ils *assistent* à la lutte; ils *entendent* les cris, les appels désespérés, les exclamations suprêmes; ils sont ter-rifiés par le spectacle que j'invoque devant eux; mais surtout *je leur montre le criminel* dans l'accomplissement même de son forfait, et ce criminel sera pour eux *la personne qu'il me plaira de désigner!* Et tous iront déposer devant la justice, feront des récits concordants, prêteront serment de dire la vérité, et, en leur âme et conscience, ils la diront, puisqu'ils ne raconteront que ce qu'ils auront *vu* et *entendu* (2). » Et

(1) Bernheim, *De la suggestion et de ses applications à la thérapeutique*, p. 183. Paris, Doin, 1886.

(2) *Loc. cit.*, p. 648.

M. Liégeois ajoute : « Quelle situation que celle qui serait faite à un homme contre qui de pareilles charges seraient accumulées, et qui serait, pour une raison ou pour une autre, dans l'impossibilité d'invoquer un alibi !!! »

M. Liégeois se met en peine de peu. Je suis persuadé qu'on n'arrêterait même pas cet homme, car la supercherie serait bien vite découverte. « Nous croyons, dit M. Gilles de la Tourette, que la position de l'accusé serait bien moins dangereuse que celle du suggestionneur. En admettant même qu'il ne puisse invoquer un alibi, il pourra, par exemple, facilement prouver, si cette grossière erreur n'avait été révélée par l'enquête, que X... et Z... n'étaient pas, au moment du crime, à tel endroit, ensemble, à la même heure. On pourra se demander alors dans quel but tous ces névropathes viennent faire une déposition, — qui tout entière se ressentira forcément de son origine, — et accuser A... d'un crime que celui-ci nie énergiquement avoir commis et que rien dans ses antécédents, dans sa manière d'être, ne saurait justifier. Aussi ne tardera-t-il certainement pas d'en cuire au donneur de mauvais conseils (1). »

Donc, M. Liégeois a mal choisi son exemple et il a forcé la note.

Mais ce qui est vrai, ce qui est possible, c'est qu'un somnambule pourrait, par de faux témoignages habilement provoqués, dans des circonstances déterminées et tout particulièrement favorables, nuire à telle ou telle personne détestée du suggestionneur.

M. Liégeois cite le cas de La Roncière, condamné sur les fausses allégations d'une hystérique perverse qui éprouvait le besoin de nuire sans autre but que celui de satisfaire le caprice

(1) *Loc. cit.*, p. 381.

d'une imagination détraquée. Mais la suggestion n'avait rien à voir là-dedans. Il y a bien encore l'affaire de l'infortuné Urbain Grandier qui fut condamné sur le témoignage de religieuses hystériques qui s'étaient suggestionnées l'une l'autre. Mais du temps d'Urbain Grandier, on ne connaissait ni l'hystérie, ni l'hypnotisme, ni la suggestion, et, grâce à Dieu, ce temps-là est loin de nous. Aujourd'hui un pareil procès et surtout une pareille condamnation seraient impossibles.

VIII

Les accouchements pendant le somnambulisme provoqué. — Substitutions d'enfants.

Le Dr Mesnet (1) a démontré qu'une femme pouvait être accouchée en état de somnambulisme et ne conserver aucun souvenir au réveil.

Auvard et Varnier (2), Dumontpallier (3) et Pritzl (4) ont observé des faits du même genre. Il est facile de comprendre que, dans certaines circonstances spéciales, très faciles à rencontrer, il serait on ne peut plus aisé de faire des substitutions d'enfants au moment de l'accouchement, telles que substitution d'un enfant vivant à un mort, et *vice versa*, substitu-

(1) Mesnet, *Un accouchement dans le somnambulisme provoqué; déductions médico-légales.* In *Revue de l'Hypnotisme*, numéro d'août 1887, p. 33.

(2) *Annales de Gynéoologie et d'obstétrique*, mai 1887.

(3) Dumontpallier. *Analgésie hypnotique dans le travail de l'accouchement.* In *Revue de l'Hypnotisme*, mars 1887, t. I, p. 257.

(4) *Wiener medizinische Wochenschrift*, 1886.

tion d'un garçon à une fille, et réciproquement. Evidemment il
faut que l'accouchement se fasse sans témoins ou que les témoins
soient complices, mais rien de plus facile à trouver que de
semblables occasions, et il est étonnant que les « faiseuses
d'anges » qui cumulent si souvent les fonctions de proxénète,
de sage-femme et de somnambule, n'y aient pas encore
songé.

IX

*Les attentats à la personne morale. — Le vagabond Castellan et
Joséphine II... — Adolphine de Saint-Saëns.*

Les attentats à la personne morale par les magnétiseurs sur
leurs sujets sont assez difficilement réalisables, il est vrai;
néanmoins on pourrait en citer plus d'un exemple. Ainsi l'affaire Castellan est généralement considérée comme un fait de ce
genre.

Cette affaire a fait un tel bruit, soulevé de telles discussions,
que, même dans cette courte revue, je crois devoir la rap-
porter brièvement (1).

Le 31 mai 1865, vers six heures du soir, un homme de
vingt-cinq ans, laid, mal vêtu, portant de longs cheveux noirs
et une barbe inculte, affligé en outre d'un pied bot, se présentait
à la porte d'une maison du hameau des Gouils (Var), habitée
par un vieillard, un sieur Hughes et deux de ses enfants, un
jeune garçon d'une quinzaine d'années et une jeune fille de

(1) J'emprunte les détails qui vont suivre au livre de Tardieu : *Etude médico-
légale sur les attentats aux mœurs*, 7ᵉ édit., 1875, p. 92.

vingt-six ans, appelée Joséphine. Cet homme, nommé Castellan Timothée, était un ancien ouvrier bouchonnier devenu vagabond, qui passait pour guérisseur, pour magnétiseur et même un peu pour sorcier.

A la vue de son état de dénuement, on le laisse prendre place à la table de famille, et on remarque, pendant le repas, qu'il affecte certaines pratiques étranges, entre autres celles de ne remplir son verre qu'en trois fois et de ne le boire qu'après avoir fait au-dessus plusieurs signes de croix et s'être signé lui-même. Il simulait, en outre, la surdi-mutité. Ame crédule et superstitieuse, esprit faible, Joséphine se sentit frappée d'une terreur inexplicable et se coucha toute habillée sur son lit, sans pouvoir dormir de la nuit.

Le lendemain au matin Castellan partit; mais il revint dans la journée et trouva Joséphine seule à la maison. Des voisins ont vu que Castellan traçait avec la main des signes circulaires derrière la jeune fille penchée sur la marmite. Pendant le repas, il fit le geste de projeter quelque chose dans la cuiller de Joséphine, sans qu'elle y vit rien tomber toutefois. Alors elle se sentit défaillir et Castellan l'emporta sur son lit où il la viola. Elle prétend qu'elle a eu conscience de ce qui se passait, mais sans pouvoir s'y opposer en aucune manière.

Puis, dans l'après-midi, Joséphine, l'air égaré, part avec Castellan et se livre plusieurs fois à lui. C'était une jeune fille dont la réputation était absolument intacte. Ils passent plusieurs jours ensemble dans les bois et les fermes des environs. Tantôt Joséphine prodigue à Castellan les marques d'une affection passionnée, mêlant à ses caresses des phrases incohérentes, dans lesquelles les mots de *fleurs, âme, bon Dieu*, etc., reviennent à chaque instant; tantôt au contraire, elle le repousse et manifeste pour lui la plus profonde horreur. Quand elle lui résiste ou qu'elle refuse de le suivre, Castellan, par des signes étranges, provoque des évanouissements dont il la tire en lui appliquant trois soufflets. «Voulez-vous que je la fasse rire?» dit-il à un des assistants, et elle pousse un éclat de rire insensé. Il lui fait faire à genoux le tour de l'appartement. Les assistants indignés le chassent. A peine est-il sorti, que la jeune fille tombe dans un de ses états nerveux. Elle cesse de parler tout-à-coup, ses bras se raidissent, ses poings se ferment, ses dents sont fortement serrées, ses yeux fixes et hagards. On rappelle Castellan et on lui ordonne de la faire sortir de cet état. Au moment où il rentre, les bras de la jeune fille se détendent subitement; lui se met à genoux, prononce quelques paroles mystérieuses ; puis, lui appliquant trois soufflets, met fin brusquement à la crise. Un étrange aveu lui échappe en ce moment : « Ce n'est pas la première femme, dit-il, que j'ai fait succomber de cette manière; il y a vingt-deux ans que mon père avait mis aussi quelque chose à ma mère, elle en a bien souffert ».

Au bout de quatre jours de cette étrange existence, Joséphine qui sentait sa volonté complètement paralysée, ayant été laissée seule un instant par Castellan, se sentit tout-à-coup *déliée* ; elle partit en courant et regagna la maison de son père où elle délira pendant plusieurs jours (1).

Pour M. Liégeois, il n'y a pas de doute. C'est un exemple certain d'attentat à la personne morale pendant la condition seconde. Mais je crois que M. Liégeois se trompe, lorsqu'il essaie de reconstituer la suggestion de Castellan à Joséphine, «comme on reconstitue le squelette d'un animal fossile au moyen de quelques-uns des os dont il était formé ». Castellan était-il

(1) Castellan a été condamné à douze ans de travaux forcés.

réellement si fort que cela? Il faudrait qu'il eût été un hypnotiseur instruit et bien habile pour faire les suggestions que
M. Liégeois lui met dans la bouche. « Tu auras en moi une
confiance absolue, dit-il à Joséphine en somnambulisme; je suis
le fils de Dieu et j'ai le don de faire des miracles; je crée des
fleurs par la seule force de ma volonté; en veux-tu la preuve?
Vois ces roses, ces marguerites qui poussent autour de toi; tu
peux te baisser, en cueillir, les placer à ton corsage. chaque
fois que tu voudras les voir, tu n'auras qu'à fermer les yeux
et il en poussera beaucoup autour de toi. Je lis dans les âmes
comme le bon Dieu. Ainsi je te connais mieux que tu ne te
connais toi-même. Tu croyais me haïr, parce que tu me prenais
pour un vil mendiant; mais en réalité tu m'aimes d'un amour
sans limites, tellement que tu ne pourras me refuser tes fa-
veurs; ton sort est désormais lié au mien; là où j'irai, tu iras;
tu quitteras ton père et ta mère pour me suivre; nous serons
comme mari et femme; tu voudras boire dans mon verre et
manger du pain dans lequel j'aurai déjà mordu; quand je te
toucherai à telle ou telle partie du corps, tu t'endormiras comme
tu t'endors maintenant; tu feras tout ce que je te commanderai;
si l'on veut me séparer de toi, aussitôt que tu ne me verras
plus, tu tomberas endormie, insensible, comme morte, afin
qu'on soit obligé de me rappeler; tu te réveilleras quand je te
donnerai trois soufflets; non seulement ils ne te feront aucun
mal, mais encore tu en éprouveras un grand soulagement, etc. »

Est-il admissible de croire que Castellan ait pu faire des
suggestions aussi savantes et aussi compliquées? Mais alors ils
eut été plus fort que M. Liégeois et M. Bernheim réunis.
C'était un ignorant, peut-être un supersticieux qui croyait au
magnétisme et qui a agi au hasard, au petit bonheur, sur un
sujet très sensible et admirablement prédisposé par l'éducation

et le milieu. Du reste cet essai maladroit lui a bien mal réussi,
puisqu'il lui a valu douze ans de travaux forcés.

Tout dernièrement un procès analogue à celui de Castellan
vient de se dérouler devant la Cour d'assises de Rouen.

Une jeune domestique de ferme, Adolphine V... était pour-
suivie pour infanticide sur les dénonciations d'un berger nommé
Bastide. Adolphine a prétendu que Bastide était le père de
son enfant, qu'elle était sous la domination absolue de son
dénonciateur et que tout ce qu'elle avait fait lui avait été suggéré par lui. Il n'y a rien de surprenant à ce qu'une pauvre
fille comme Adolphine V... se soit laissée suggestionner par
un paysan astucieux. Bastide croyait peut-être lui-même à la
suggestion comme à une chose surnaturelle. C'était, lui aussi,
un superstitieux et un faible d'esprit. Il a lu dans des livres
auxquels il attribue un pouvoir magique qu'on pouvait para-
lyser la volonté d'une femme et l'obliger à se donner malgré
elle.

Adolphine est un esprit faible et superstitieux : son ignorance
n'a d'égale que sa crédulité. Bastide a senti qu'il trouverait là
une proie facile pour ses convoitises. Il a commencé par l'effrayer par ses récits. Il lui a donné à entendre que par des paroles
magiques, il pouvait faire d'une femme sa chose, que, s'il voulait, il pourrait la prendre, elle Adolphine, et qu'elle serait
comme un jouet dans ses mains. Il lui a parlé des livres caba-
listiques, d'invocations magiques, etc. Il n'a pas été difficile
de convaincre Adolphine qui vit bientôt dans le berger un
sorcier. Dès lors elle était mûre et prête à accepter toute espèce
de suggestion.

Bastide se rendit compte de cet état. Soit qu'il se fût persuadé
lui même qu'il avait un pouvoir surnaturel, soit, ce qui est
moins probable, que tout chez lui fût imposture et qu'il connût

les récentes découvertes de l'école de Nancy sur l'hypnotisme, il résolut d'en profiter et de posséder un jour Adolphine V...

Voici comment les choses ont dû vraissemblablement se passer. Il est facile, à notre sens, de reconstituer toutes les suggestions qui ont été faites à Adolphine, très probablement à l'état de veille ou en condition seconde.

Un jour Bastide a rencontré la malheureuse dans un endroit écarté. Il a jugé le moment opportun pour satisfaire sur elle sa lucibrité depuis longtemps en éveil. Il s'est mis à la regarder d'une certaine façon, les yeux dans les yeux. Adolphine a eu peur, elle s'est mise à trembler, clouée sur place par le pouvoir fascinateur du berger. Il l'a prise par les poignets, sans la quitter du regard, murmurant des paroles inintelligibles, qui ne pouvaient être que des paroles d'enchantement, a pensé la pauvre servante. Dès lors elle était perdue.

— Il faut que tu sois à moi, lui a dit le berger d'un ton impérieux. Le charme a réussi. Tu ne peux pas me résister.

Et Adolphine s'est livrée sans résistance.

Chaque jour Bastide a renouvelé sa suggestion, la renforçant en créant quelquefois des hallucinations chez sa victime.

Quant à son rôle dans l'infanticide, il est moins facile à apprécier. A-t-il lui-même noyé l'enfant, ou bien agissant toujours par suggestion à l'état de veille, l'a-t-il fait noyer par Adolphine elle-même, inconsciente et obligée d'accomplir cet acte criminel ? C'est ce que l'instruction n'a pas expliqué d'une façon précise.

Dans tous les cas, il semble à peu près démontré que Bastide a pesé sur sa volonté.

C'est bien du reste l'impression que donne l'interrogatoire d'Adolphine.

— Bastide vous a-t-il conseillé de tuer votre enfant? demande alors le président à Adolphine.

— Non, puisqu'il me disait que je n'étais pas enceinte. Il m'affirmait que c'était une boule d'eau qui fondrait au lever du soleil. Quand je lui disais : « On me dit que je suis enceinte », il me répondait : « Ma pauvre enfant, si tu l'étais, il y a long-temps que ça serait fait ».

— Après votre accouchement, n'avez-vous pas taché votre linge de sang?

— Bastide me disait de mettre du sang de poulet pour faire fondre la boule d'eau.

— Vous avez cependant bien vu que vous accouchiez?

— Oui, en regardant dans le seau, j'ai vu un enfant. J'ai dit : « Bastide, pourquoi ne m'avez-vous pas dit que j'étais enceinte? » Il m'a répondu : « Ma pauvre enfant, ne l'dites pas, pour votre honneur comme pour *la mienne* ».

— Pourquoi n'avez-vous rien dit à vos maîtres de la conduite de Bastide?

— Je ne le pouvais pas, c'était là (l'accusée porte les mains à son cou) et ça ne pouvait pas sortir; j'avais beau faire, ça restait quand je voulais causer, ça m'étranglait. Avec ses livres, il commandait mon âme.

Le président s'étonne que l'accusée n'ait point parlé à l'ins-truction du berger et ne fournisse ces explications qu'à l'au-dience.

— Bastide ne me peut plus rien, répond Adolphine, je me suis confessée; il m'avait défendu de voir un prêtre. Il n'est plus là avec ses fioles et ses mauvais livres pour m'empêcher de parler.

— Quelles fioles? que contenaient-elles?

— De l'absinthe, pour quinze sous, et du persil. Je devais

on boire au coup de midi, quand l'*angelus* sonnerait, et la boule d'eau se fondrait.

— Bastide faisait-il des signes sur vous?

— Entre les yeux, autour des reins.

— Ne vous a-t-il pas dit que vous perdriez quelqu'un de votre famille?

— Oui, il m'a dit que je n'étais pas au bout de mes peines, que je perdrais quelqu'un, et de fait, le 13 février, ma petite sœur mourait. (L'accusée verse des larmes).

— Bastide avait-il aussi quelque pouvoir sur vos maîtres ?

— Oui, il faisait descendre mon maître de sa chambre quand il voulait; sur son ordre, les tonneaux de la cave dansaient, et à ce moment-là, je ne voyais plus clair, tout tournait. Je voyais Bastide qui tenait un de ses livres avec une couverture noire.

Adolphine était certainement sincère.

C'est bien ainsi que les choses se passent dans la plupart des cas où intervient la suggestion. Et ces phénomènes sont décrits avec trop de netteté et d'exactitude, pour qu'on puisse admettre qu'ils aient été inventés par cette fille simple et ignorante.

X

Les rapts d'enfants par suggestion. — Les hypnotiseurs de tréteaux et leurs sujets.

Quant à ces rapts d'enfants, comme on en a signalé dans l'Inde, ils ne seraient pas, quoi qu'en dise M. Gilles de la Tourette, si difficiles à accomplir, surtout dans certains milieux ruraux où les enfants courent dans les rues et dans les champs, et sont généralement peu surveillés. D'ailleurs, les superstitions dont on les a bercés, la crainte des sorciers et la foi en la toute-puissance de leurs maléfices, sont des raisons qui les prédisposent étrangement à se laisser influencer par certains individus aux allures plus ou moins mystérieuses, et par suite, une fois plongés en somnambulisme, à se laisser entraîner par eux. La peur paralyse la volonté. Alors il sera facile à l'hypnotiseur de profiter de cet état de paralysie volitionnelle et de se faire suivre de l'enfant.

Néanmoins, chez nous, ce n'est généralement pas aux enfants que les hypnotiseurs s'adressent. Je parle, bien entendu de ces charlatans qui vont de ville en ville, donnant des séances publiques de magnétisme pour gagner leur vie. Que feraient-ils des enfants ? Et puis, avec l'organisation actuelle de notre police, ce serait un sûr moyen de se faire arrêter tout de suite. C'est aux jeunes filles qu'ils s'adressent. Car il leur faut des sujets pour donner des représentations, et on n'en trouve pas toujours parmi les assistants ou au moins d'assez bons pour faire les expériences qui peuvent intéresser les spectateurs. L'hypnotiseur rencontre une somnambule, une hystérique le plus souvent. Si c'est une fille à la figure agréable, aux longs cheveux blonds, aux yeux bleus, voilà son sujet trouvé. Il lui propose de l'endormir pour voir. Pendant son sommeil, il lui suggère de voyager avec lui. Au réveil il réitère sa suggestion avec offre d'argent. La malheureuse déjà impressionnée, accepte neuf fois sur dix. Alors ils partent ensemble. Sans doute le charme ne durera pas toujours ; mais demain le barnum l'hypnotisera de nouveau, pour recommencer après-demain et ensuite tous les jours. La suggestion sera ainsi sans cesse renouvelée et la malheureuse deviendra sa chose ; elle sera à lui corps et âme. Sur les tréteaux, elle sera entre ses mains une poupée articulée dont il fera jouer à volonté tous les ressorts, toutes les articulations. Tant pis si le mannequin se détraque. Il faut bien amuser les spectateurs, pour faire pleuvoir les gros sous ! La représentation finie elle passera dans son lit et devra se prêter à toutes ses caresses, quand il ne l'obligera pas à se prostituer pour augmenter les recettes de la journée.

On ne saurait croire quelle puissance, quelle fascination, ces hypnotiseurs exercent sur les malheureuses qu'ils exhibent ainsi avec eux. Soutiendra-t-on qu'il n'y a pas, dans ces cas, attentat à la personne morale? Est-ce que l'hypnotiseur n'a pas paralysé la volonté de son sujet et dirigé tous ses actes au gré de sa propre volonté à lui ?

XI

Les viols de la conscience. — Confidences et aveux arrachés pendant le somnambulisme.

Du reste, n'est-il pas démontré qu'on peut violer la conscience d'une personne plongée dans le somnambulisme et l'amener à dévoiler ses secrets les plus cachés? Sans doute, il en est qui résistent et qui mentent même, quoi que fasse l'hypnotiseur. J'en rapporterai moi-même un exemple plus loin. Mais il en est qui mettent leur conscience complètement à nu. « Un jour, dit M. Liébaut, j'affirmai à une jeune fille endormie que j'étais un prêtre, et qu'elle était elle-même une pénitente venue pour se confesser. Cette petite prit son rôle au sérieux et me fit une

confession de pécadilles charmantes ». Cependant l'expérience
ne me paraît pas absolument concluante. M. Liébaut a pu
faire croire à cette jeune fille qu'il était un prêtre, et elle a pu
lui dire ce qu'elle aurait dit au prêtre, c'est-à-dire ce qu'elle
aurait bien voulu lui laisser savoir. Cela ne prouve pas qu'elle
ait dit la vérité ou au moins toute la vérité.

Brière de Boismont (1) rapporte qu'une dame mise en somnambulisme par le professeur Blandin, et interrogée avec un
peu trop de curiosité, finit par dire, après une certaine hésita-
tion, avec beaucoup de rougeur et d'embarras : « Mon Dieu !
j'ai aimé M. ... » Le médecin effrayé, ne lui permit pas d'ache-
ver ; il la réveilla au moment où l'un des parents de la jeune
femme s'approchait, demandant si l'expérience avait réussi.

Demarquay et Giraud-Teulon (2) citent un exemple analogue.
Une dame hypnotisée par eux, répondit à leurs questions par
des confidences tellement graves, tellement dangereuses pour
elle-même, qu'ils s'empressèrent de la réveiller.

Ces derniers faits sont indiscutables et prouvent d'une façon
certaine qu'on peut violenter la personne morale de certains
somnambules.

XII

*Les suggestions criminelles consenties. — Avortements par
suggestion.*

Certains individus se font endormir pour recevoir sciemment
et volontairement les suggestions criminelles dans le but d'ac-

(1) *Des hallucinations*, p. 357. Paris. 1862.
(2) *Recherches sur l'hypnotisme*, p. 39. Paris 1860.

complir des actes qu'il leur serait impossible d'accomplir sans cet adjuvant puissant qui soutiendra leur volonté et les assurera de la réussite dans leur entreprise coupable.

Je m'explique par des exemples.

Un jeune conscrit voudrait éviter le service militaire. Mais comment faire ? Les médecins déjouent si adroitement toutes les simulations ! Alors il s'en va trouver un magnétiseur connu dans la contrée et celui-ci lui suggère de devenir sourd ou paralysé au moment du conseil de révision. Il lui sera alors facile de simuler sans danger puisqu'il sera réellement sourd ou paralysé momentanément.

Je crois que ce fait ne s'est jamais présenté et ne se présentera jamais. C'est tout simplement un exemple. Mais en voici un autre dont je garantis absolument l'authenticité. Je pourrais même citer les noms et l'endroit. La discrétion professionnelle ne me le permet pas.

Un étudiant en médecine habitué aux pratiques de l'hypno-tisme, vient passer ses vacances dans sa famille où il rencontre sa jeune cousine. Le cousin embrasse la cousine qui lui rend baisers pour baisers ; des baisers on en vient aux caresses, si bien que la cousine devient enceinte du cousin et finit par lui révéler la chose. Comment faire ? — M'épouser, dit la cousine. — Jamais de la vie ! riposte le cousin ; je ne suis pas encore docteur. Et cependant on était déjà au deuxième mois de la grossesse. Alors le cousin songe à l'hypnotisme ; il en parle à sa cousine qui accepte avec joie le moyen ; il l'endort et lui dit : — Tel jour, à telle heure, tu éprouveras de grandes douleurs dans les reins, tes règles viendront et avec, ce que je t'ai mis si malencontreusement dans le ventre. — Quatre capsules d'apiol furent administrées la veille du jour de la débâcle

annoncée. A l'heure dite la cousine eut ses règles et expulsa
la progéniture encore informe de son cousin. Alors, direz-vous,
c'est l'apiol qui a agi et amené l'avortement. Je ne crois pas.
D'abord l'apiol n'est pas un abortif, et puis je doute fort qu'il
puisse amener un avortement à heure fixe.

Je le répète, le fait est absolument authentique. Du reste,
l'action de la suggestion hypnotique sur la menstruation, est
signalé par plusieurs auteurs. Voisin, Liébaut, et, tout dernièrement au Congrès international de l'hypnotisme, Gascard et
Briant, en ont cité des exemples. M. Ladame s'exprime ainsi
à ce sujet : « Il est prouvé qu'on peut, chez certaines personnes, provoquer pour ainsi dire à volonté l'hémorrhagie
menstruelle. L'influence de la suggestion sur les contractions
utérines ne peut être niée. Or, de là à l'avortement provoqué
il n'y a pas loin, et la question de la possibilité de commettre
ce crime par la suggestion, se pose en médecine légale » (1).
Eh bien ! maintenant, ce n'est plus une hypothèse.

XIII

*Les suggestions à l'état de veille. — Les faux témoignages chez
les enfants. — L'affaire de Tisza-Eslar. — L'affaire d'Adèle
B... — Les suggestions criminelles chez les hystériques. —
Gabrielle Fenayrou et Gabrielle Bompard.*

« J'ai constaté, dit M. Bernheim, que beaucoup de sujets
qui ont été hypnotisés antérieurement, peuvent, sans être hypnotisés de nouveau, pour peu qu'ils aient été dressés par un

(1) *Loc. cit.* p. 45.

petit nombre d'hypnotisations antérieures (une, deux ou trois suffisent chez quelques-uns), présenter à l'état de veille l'aptitude à manifester les mêmes phénomènes suggestifs » (1). Ainsi on peut donner des suggestions à un individu en état de veille.

Chez certains enfants impressionnables, on peut provoquer de véritables hallucinations rétroactives et les amener à porter de faux témoignages. Par persuasion ou par intimidation, on ancre dans leur esprit telles ou telles idées fausses qu'ils finissent par accepter comme vraies, prenant ainsi ce qu'on leur a suggéré pour une réalité. Et ils seront tellement convaincus de la véracité de la chose, qu'on ne pourra plus l'effacer de leur esprit.

Tout le monde se souvient encore de l'affaire mystérieuse de Tisza-Eslar, qui a si vivement passionné l'opinion. Voici en quelques mots de quoi il s'agissait.

Une jeune fille de quatorze ans, appartenant à la confession réformée, disparait. Dix-neuf familles juives habitent ce village hongrois de Tisza-Eslar. Bientôt le bruit se répand que les juifs l'ont tuée pour avoir son sang ; c'était la veille de Pâques ; ils ont mêlé son sang chrétien au pain sans levain de leurs Pâques. Un cadavre repêché plus tard dans la Theiss fut reconnu par quelques personnes pour celui de la jeune fille ; mais la mère de celle-ci resta incrédule et ne voulut pas la reconnaître. Treize juifs furent arrêtés ainsi que le fils du sacristain de la synagogue, un enfant de treize ans. Moritz emmené chez le commissaire de sûreté et longuement interrogé par lui, finit par faire des aveux. Il avait entendu un cri, était sorti, avait collé son œil à la serrure du temple, avait vu Esther

(1) *Loc. cit.* p 80.

étendue à terre ; trois hommes la tenaient ; le boucher la saignait à la gorge et recueillait son sang dans deux assiettes.
Arrivé à l'audience, l'enfant persiste dans ses aveux. La vue
de son père et de ses douze coreligionnaires que la potence
menace, les supplications les plus ardentes pour l'engager à
dire la vérité, les pleurs et les malédictions rien ne l'émeut ; il
répète sans se lasser les mêmes choses dans les mêmes termes :
il a vu.

M. Bernheim n'admet que deux hypothèses possibles pour
expliquer les aveux de l'enfant. « La terreur, la violence, les
menaces ont pu arracher une déposition mensongère ; et l'on
sait combien, chez les enfants et même chez les adultes, l'entê-
tement dans le mensonge devient opiniâtre, par cela seul qu'on
a vécu avec l'habitude de ce mensonge ». Cependant M. Bernheim repousse cette première hypothèse. « Que la terreur,
dit-il, arrache un témoignage mensonger à une âme faiblement
trempée, c'est dans la nature des choses. Mais placé en présence d'un père qui souffre et implore, que l'enfant sourd à
toutes les supplications, maintienne consciemment sa déposition, sachant qu'elle entraînera la peine capitale, qu'il continue
nonobstant à débiter envers tous et contre tous sa petite histoire
qu'il sait inventée de toutes pièces, c'est une persévérance rare
de monstruosité morale ». Aussi pour M. Bernheim, le commissaire a suggestionné l'enfant à l'état de veille. Il aura
frappé l'imagination de l'enfant fasciné par la terreur, il aura
évoqué devant lui la scène du meurtre et lui aura ainsi donné
une hallucination rétroactive. « Le cerveau construit de toutes
pièces la scène que le commissaire évoque. Tout est là : l'enfant voit la victime couchée, tenue par trois personnes, le sa-
crificateur plongeant son couteau dans la gorge, le sang

s'écoulant ; l'enfant a vu ; l'hallucination rétroactive est créée, comme on la crée expérimentalement dans le sommeil profond, et le souvenir de la vision fictive est si vivant, que l'enfant ne peut s'y soustraire » (1).

Sans doute cette affaire est restée pleine de mystères et les hypothèses de M. Bernheim sont rationnelles ; cependant je dois avouer qu'il en est une troisième qui se présente à l'esprit et qui est tout aussi admissible : c'est que l'enfant ait dit la vérité.

Mais laissons cette affaire. Nous n'avons pas besoin de ce drame pour croire à la réalité des suggestions et des hallucinations rétroactives provoquées chez les enfants à l'état de veille. On peut même provoquer des phénomènes semblables chez des personnes adultes. M. Liégeois rapporte à ce propos un fait qui ne me paraît ni très probant ni très bien choisi.

Le 6 novembre 1868, comparaissait devant le Tribunal correctionnel de Vic (Meurthe), la nommée Adèle B..., sous la prévention d'avoir, le 8 octobre précédent, supprimé l'enfant dont elle était accouchée. Adèle nia d'abord. Mais le commissaire de police, procédant à son interrogatoire, lui demanda si elle n'avait pas placé son enfant dans le réduit à porc de la maison qu'elle habitait. Après bien des hésitations, elle finit par dire qu'elle l'y avait mis. La sage-femme F... avait déjà posé auparavant la même question à l'accusée qui avoua. Devant le juge d'instruction, à l'audience, Adèle renouvela ses aveux : « J'ai pris mon enfant, j'ai ouvert la porte de la loge des porcs et je l'ai lancé au fond de cette loge. Je ne crois pas qu'il ait crié et je ne l'ai pas vu remuer. » Elle fut condamnée à six mois de prison.

Mais quand, peu de temps après, elle se présenta à Vic pour subir sa peine, on reconnut qu'elle était dans un état de grossesse avancée, ce qui impliquait qu'elle n'avait pas pu accoucher au commencement d'octobre, ni, par conséquent, se rendre coupable du délit pour lequel elle avait été condamnée. Interrogée de nouveau, Adèle déclara que ses parents et la sage-femme l'avaient obsédée pour la déterminer à faire des aveux ; qu'ils ne cessaient de l'effrayer en lui faisant entrevoir la condamnation sévère qui l'attendait, si elle n'avouait pas. Sans doute on a vivement impressionné cette fille, on l'a persuadée en quelque sorte malgré elle. Mais est-ce bien là une suggestion ? Je ne crois pas, car Adèle n'a pas cru un seul instant qu'elle avait jeté son enfant aux porcs. Dans tous les cas, c'est un phénomène analogue, de la persuasion par force (1).

« La suggestion hypnotique, dit M. Ladame, n'agit pas autrement sur les cerveaux malades et endormis que la suggestion ordinaire, celle que tout le monde connaît et pratique en affirmant aux autres les choses dont on espère les convaincre. La suggestion hypnotique est de même nature que la persuasion à l'état de veille. Elle renforce, il est vrai, considérablement la puissance de persuasion que nous possédons sur autrui, en supprimant les résistances qui existent à l'état de veille. » Mais combien d'individus chez qui cette résistance est presque nulle ! Combien qui croient toujours et malgré tout ce qu'on veut leur faire croire ! Combien ont cette foi aveugle qui transporte les montagnes ! Croyez-vous alors qu'il sera bien difficile d'entraîner ces individus au crime, au vol, au meurtre même ? Combien d'hommes, nés bons mais faibles et suggestibles, sont devenus des instruments de crime aux mains

____

(1) Voir les détails de cette affaire dans Liégeois. *Loc. cit.* p. 662 et suivantes.

GABRIELLE FENAYROU

d'habiles filous qui ont su s'en servir pour accomplir leurs desseins criminels! Volontés défaillantes, âmes débiles et légères, ils se laissent balotter par tous les vents; le premier venu peut les entraîner. J'ai montré (1) cette influence pernicieuse des criminels sur les natures faibles qu'ils influencent et poussent au mal.

Voici par exemple, un hystérique à hérédité nerveuse très chargée, comme toujours. Un jour, un individu qu'il connaît à peine, lui confie des objets volés en le priant de lui rendre le service d'aller les porter au Mont-de-Piété. Dupe ou complice, il obéit. Dans tous les cas, l'initiative du crime n'est pas de lui; il a été trompé ou entraîné par un filou.

Quelques années après, il est compromis et entraîné par d'adroits coquins dans l'affaire Romanoff qui eut une heure de célébrité. Grâce à un rapport favorable du Dr Garnier, il s'en tira avec trois mois de prison.

A peine remis en liberté, il fit connaissance d'une jeune fille avec qui, comme il le dit, il ne croyait passer que quelques jours. « Mais il s'éprit pour elle d'une amitié sans bornes ». Cette femme profita de l'empire qu'elle avait sur lui et lui fit vendre une montre et une chaîne en or qu'elle avait volées. Tous deux furent arrêtés. Le pauvre diable protesta de son innocence. D'ailleurs, sa femme lui écrivait des lettres qui sembleraient lui donner raison. Elle avouait qu'elle seule était coupable, qu'elle avait volé les bijoux et qu'elle avait trompé son mari en lui disant que c'était un cadeau d'une amie. Cette fois un rapport du Dr Garnier amena l'acquittement.

(1) Voir ma communication au Congrès international de l'hypnotisme tenu à Paris en 1889. *De l'action suggestive des milieux pénitentiaires sur les détenus hystériques.*

Malgré tout, cet homme est doux et bon, sympathique même, capable de sentiments généreux. Il est évident qu'il a été influencé, qu'on a paralysé en quelque sorte sa volonté et que, à chaque crime, son complice en a fait sa chose.

M. Berhneim interprète même de cette façon un crime mystérieux et célèbre qui, il y a quelques années, a vivement passionné l'opinion publique. « Voilà une jeune fille élevée dans de bons principes, que tous s'accordaient à considérer comme douce et honnête. Elle se marie, les premières années sont heureuses; elle paraît épouse dévouée et bonne mère. Un jeune homme s'empare de son imagination; son mari, aux prises avec les difficultés de l'existence, la néglige; elle se donne à ce jeune homme. Plus tard, le mari rumine des idées de vengeance sur ce jeune homme qui, après avoir séduit sa femme, a fondé un établissement rival qui prospère, tandis que le sien périclite. Pour assouvir sa vengeance, il captive de nouveau l'esprit de sa femme, lui persuade que son rival est cause de leur malheur, lui insinue qu'il faut le tuer, que sa réhabilitation morale est au prix de ce meurtre. Elle se laisse aller à cette suggestion; docile, cédant aux menaces, elle donne rendez-vous à son ancien amant et, sous prétexte de renouer des relations interrompues, froidement, sans émotion, elle le conduit à son mari qui l'assassine; aucun remords, aucun regret n'agite sa conscience, elle ne paraît pas se douter de l'énormité de son crime. Rien dans ses antécédents ne faisait prévoir cette perversion monstrueuse du sens moral. Devant le jury, sa maîtresse de pension affirme que c'était l'élève la plus docile, la mieux disciplinée. Un témoin, dont on a ri à l'audience par ce qu'on ne l'a pas compris, a dit d'elle : « C'était une pâte molle, elle allait au vice aussi bien qu'à la vertu. » Traduit en langage psychologique : elle était suggestible;

GABRIELLE BOMPARD

elle était docile à toutes les suggestions, j'ajoute que le sens moral ne faisait pas contrepoids à la suggestibilité excessive. C'était moins une perversion peut-être qu'une absence native du sens moral, c'était une imbécillité instinctive (1). »

Je crois que Gabrielle Bompard dont s'occupe en ce moment toute la presse, a plus d'un point de ressemblance avec Gabrielle Fenayrou.

Les journalistes n'ont pas manqué d'aller interroger les médecins qui s'occupent de ces questions. Tous m'ont paru à côté de la vérité.

M. Charcot n'a vu dans Gabrielle qu'une hystérique détraquée et perverse, mais il n'a pas su démêler quel mobile l'a poussée.

— J'estime, dit-il, qu'il faut interpréter ces phénomènes plutôt dans un sens restreint que dans un sens étendu. D'ailleurs, que je sache, jusqu'ici il n'y a pas eu un seul crime hypnotique. Il y a seulement — selon l'expression imagée de Gilles de la Tourette — des crimes de laboratoire.

» Cela veut dire qu'un de mes sujets, si je lui ordonne d'aller tuer le directeur de la Salpétrière, parce qu'il fait servir de mauvais flageolets à table, le frappera d'un coup quelconque dans le dos, avec ce qu'il aura sous la main, mais sans réelle conviction et comme malgré lui.

» L'intervention d'un hypnotiseur ne peut donc avoir fait que Gabrielle Bompard soit venue se livrer malgré elle entre les mains de la justice.

» En résumé cette fille me paraît simplement un être pervers, détraqué, qui a très bien pu participer *consciemment* au crime. Et si l'on veut soutenir son irresponsabilité — ce qu'on ne

(1) Bernheim, *Loc. cit.* p. 101.

manquera sans doute pas de faire, — il faudra auparavant établir *scientifiquement* comment elle a pu être la complice soumise d'Eyraud dans la préméditation et dans l'exécution du crime, et comment, restée aussi longtemps silencieuse, une fois le forfait accompli, elle a pu aussi brusquement changer d'attitude et si souvent de version ».

M. Dumontpallier a détourné la question et Bérillon s'en est tenu à des formules tellement vagues qu'il est impossible d'en tirer la moindre conclusion.

M. Bernheim, lui, a vu clair tout de suite dans cette affaire et il a reconnu sans peine dans Gabrielle Bompard une émule ou une élève de Gabrielle Fenayrou.

Non certainement, Eyraud n'a pas hypnotisé Gabrielle au sens propre du mot. Mais il a trouvé en elle un être facilement malléable, un être changeant et versatile, tout à l'impression du moment. « Elle s'est donnée corps et âme, dit M. Bernheim, à Eyraud, homme d'affaire vermoulu, beaucoup plus âgé, vivant d'expédients : elle qui est jeune, agréable, ayant une certaine intelligence, du piquant, et faite pour réussir dans le demi-monde, elle reste sous la domination d'un être qui l'exploite, qui la bat peut-être. Docile à ses suggestions, elle se laisse aller à lui amener l'huissier qu'il veut assassiner : elle assiste au meurtre, elle y collabore, elle aide à ficeler le cadavre, à coudre le sac où on le met ; elle passe la nuit avec le cadavre. »

Aucun remords n'agite la conscience de cette femme. Du reste, à son sens, de quoi aurait-elle à se repentir ? Elle n'a pas participé au crime, elle n'a fait qu'obéir à son amant et parce qu'elle ne pouvait faire autrement. Alors qu'aurait-elle à craindre, puisque Eyraud a tout prémédité, a tout fait ? Elle

MICHEL EYRAUD

n'a été qu'un instrument aveugle dans la main d'un malfaiteur habile.

Pleine d'insouciance et de gaieté, elle suit son amant à travers les deux mondes, se laisse jeter par lui dans les bras de plusieurs personnes de rencontre.

Mais voici que Gabrielle fait la connaissance d'un honnête homme qui s'intéresse à elle. Un jour, elle a un doute, un remords, si vous aimez mieux ; son crime lui remonte à la surface, et, dans une crise de larmes, elle fait des aveux ; elle lui raconte tout. Cet homme la suggestionne à son tour. Il la délie en quelque sorte de son premier amour. Tous les liens qui l'attachent à Eyraud tombent subitement. Elle se sent comme délivrée. Elle revient à Paris, toujours sur les conseils de son nouvel amant. Calme et souriante, elle vient avouer le crime au juge. Oh ! tout d'abord, elle se rend bien compte qu'elle est légèrement compromise, que cette affaire va lui attirer des ennuis, quelques mois de prison, peut-être. Aussi elle ne se charge pas ; elle invente mille versions différentes, toutes plus absurdes les unes que les autres, et qu'elle est obligée d'abandonner le lendemain. Elle déroute la justice avec un art infernal. Mais comme elle s'est laissée prendre aux suggestions d'Eyraud, comme elle s'est laissée prendre aux suggestions de son second amant, elle se laisse prendre aux suggestions du juge, et, un beau jour, vaincue et fascinée, elle renonce à la lutte, elle avoue tout : elle a aidé à accrocher la corde, elle a cousu le sac, elle a aidé à ficeler le cadavre comme un poulet.

« Les suggestibles mentent souvent, dit encore M. Bernheim, parce qu'ils sont les premiers, dupes de leur imagination. Ils ajoutent à la vérité de leur propre cru, ou en retranchent. Ce que l'imagination mue par l'intérêt, l'impression du moment,

les idées que l'interrogatoire éveille en eux, leur suggère, ils
le prennent pour des réalités. Il est possible que Gabrielle Bompard, poussée par l'interrogatoire dans un sens ou dans un
autre, animée aussi par instants du désir d'effacer son rôle, crée
dans son imagination des souvenirs illusoires qui s'imposent à
elle, comme si c'était arrivé; qu'elle ajoute ainsi inconsciem-
ment du vrai et du faux et ne sache plus elle-même démêler la
vérité vécue d'avec la vérité créée ou falsifiée par son imagination ».

Telle est, à mon avis, la vérité.

Comme ces hystériques dont je parlais tout à l'heure, comme
Gabrielle Fenayrou et tant d'autres, c'est un être tout entier
aux instincts, un être dépourvu de sens moral et de conscience,
quelque chose comme un automate pensant, comme une marion-
nette douée d'intelligence. Elle va au bien comme au mal.
Tout dépend de celui qui l'y mène. Elle a toujours été conduite
par l'entraînement des sens et la volonté des autres. Toute
jeune, faute d'une éducation sévère, elle attire chez elle des
jeunes gens à qui elle donne « les prémices de sa chaleur ».
Plus tard, elle abandonne le toit paternel et se met à faire
la noce. En tout cela, elle suit ses instincts de bête perverse.
Elle va où la pousse la satisfaction de l'instinct : au vice, et
plus tard au crime.

Placez cette fille dans un milieu honnête où on lui eût donné
une éducation sévère où elle n'eût eu sous les yeux que de
bons exemples. Il y a tout à parier qu'elle fût restée une honnête
fille. Si elle fût tombée entre les mains d'un prêtre, il eût pu en
faire une sainte, peut-être; elle est tombée entre les mains d'un
« maquereau », il en a fait sans peine une « marmite ».
L'hystérique, en effet, est la plus opportuniste des hommes et
des femmes.

Mettez une hystérique dans un couvent, cette hystérique, fût-elle une débauchée, une fille de joie même, à peine aura-t-elle respiré l'odeur de l'encens, que le changement sera complet; en quelques jours, elle aura quitté avec une facilité surprenante ses anciennes habitudes, elle aura pris les habitudes et les goûts de la maison; elle aimera la messe et l'église comme elle aimait le bal et le théâtre; elle aimera la prière comme elle aimait la débauche; en un mot, selon la parole d'un docteur de l'Eglise, elle aura dépouillé la vieille femme. Et ce ne sera pas une dévote ordinaire; elle ne sera pas pieuse sans ostentation; elle priera avec éclat comme elle a péché avec scandale; sa religion sera un mysticisme plein d'exaltation. Telles furent Marie Magdeleine, Marie l'Egyptienne, et tant d'autres dont la légende n'est pas parvenue jusqu'à nous.

Prenez la même femme et placez-la dans un lupanar au milieu de drôlesses et de prostituées. Nouvelle métamorphose ! En moins d'une semaine, elle aura mis un nouveau masque sur son visage. On dirait que les murs du lupanar ont déteint sur elle, tant la transformation a été subite et complète. En quelques jours, elle aura pris le langage, les goûts et les habitudes de la maison. J'ai connu à Troyes, il y a quelques années, une espèce d'hystérique qui faisait l'édification de toute une communauté religieuse. Un beau jour, entraînée par sa sœur, elle émigra du couvent au lupanar de la ville. Comme elle avait été au couvent un modèle de piété et de vertu, elle fut une perle au lupanar, la plus débauchée et, par conséquent, la plus recherchée et la plus choyée.

Telle est à peu près Gabrielle Bompard, un jouet entre les mains de ceux qui savent s'en servir. Dans quelques jours, le jury aura statué sur son sort. Puisse-t-il être indulgent pour

elle, tout en nous débarrassant de cet être pervers et dangereux.

Si nous possédions un asile d'aliénés criminels, elle y trouverait avantageusement sa place et pourrait y finir ses jours.

XIV

La suggestion en amour. — Chambige, Soularue.

Dans un autre ordre d'idées, on peut dire que la suggestion
intervient même en amour. Combien de jeunes filles se laissent
séduire par des individus presque antipathiques, entraînées,
fascinées en quelque sorte par leur regard dominateur et impérieux qui les attire en même temps qu'il les effraie. Loin de
l'amant, elles se jurent de ne point se donner et elles sont con-
vaincues qu'elles n'auront qu'un effort à faire pour le repousser;
en sa présence, tout leur courage les abandonne, leurs résolu-
tions s'évanouissent, leur volonté est vaincue, et elles se donnent
sans entraînement, sans passion comme sans amour. L'homme
leur a fait de la suggestion à l'état de veille, ajoutant l'effroi à
la persuasion.

C'est l'éternelle légende de la colombe fascinée par le vautour
et venant se jeter dans ses serres.

Tout le monde se souvient encore du drame sanglant de Sidi-
Mabrouck. Une femme bonne, honnête, vient tout-à-coup se
livrer à un jeune homme qu'elle n'aime pas, mais qu'elle
redoute; pour quelques heures de bonheur trouble, elle sacrifie
tout, son mari, ses enfants, elle meurt en païenne.

CHAMBIGE

M. Tarde a admirablement compris « cette sanglante oarystis » et M. Bernheim n'a fait que répéter ses arguments sous une autre forme.

Chambige n'a évidemment pas hypnotisé non plus Mme G..., mais il faisait de la suggestion sans le savoir; il dominait par ses allures, ses regards, ses déclarations, cette femme nerveuse et impressionnable qui, un jour, en regardant une cuillère, était tombée en extase hypnotique.

Chambige n'est pas un assassin vulgaire doublé d'un imposteur; non, il était en grande partie sincère; il se croyait vraisemblablement aimé de Mme G...; mais c'était une âme perverse, un dilettante du crime, un être dénué de sens moral, ayant soif de sensations malsaines et, selon M. Bernheim, « buvant sans scrupules à toutes les sources qui pouvaient assouvir cette soif ». Mme G... était suggestible; il lui suggérait une passion malsaine; il troublait ses sens, obscurcissait sa conscience et sa raison; il lui donnait une sorte de folie amoureuse suggestive. « L'être conscient normal ne l'aimait pas; l'être subconscient faussé l'aimait ». Et c'est ainsi qu'il a pu l'entraîner à oublier ses devoirs d'épouse et de mère, et à accepter la mort.

« Pour moi, dit M. Tarde, quand Mme G... était emportée avec Chambige en voiture vers la villa Sidi-Mabrouck, ce n'était pas elle, c'était une demi aliénée qui passait, et je la juge à peu près irresponsable de ce qu'elle va faire. J'en vois la preuve dans ce qui précède et dans ce qui suit, dans ce brusque oubli de ses enfants au départ et dans la monstruosité de leur souvenir ensuite sous la forme du regret de ne les avoir pas amenés, dans la soudaineté de sa décision terrible, et dans l'indécence inouïe de l'exécution. Cette chrétienne zélée veut mourir comme une païenne, et l'effondrement de son christianisme est si profond et si subit, que ce n'est pas surtout un signe du temps qu'il convient d'y voir, mais un symptôme manifeste de sa folie. Qui plus est, cette protestante un peu prude veut mourir nue, et elle ne s'aperçoit pas qu'elle est nue ».

Plus récemment, nous retrouvons, dans le procès de Soularue, comme un pâle reflet de l'affaire Chambige. On croit relire le drame de Sidi-Mabrouck atténué, avec du tragique en moins.

Soularue a su se faire aimer d'une jeune fille que, de son côté, il aimait réellement aussi, je crois. Mais la misère vient se mettre entre les deux amants : réduits à la gêne la plus extrême, ils résolurent de se donner la mort. Soularue emmène sa maîtresse dans un restaurant de la banlieue lyonnaise, se fit servir un souper copieux et arrosé au champagne, puis il la tua et tenta de se tuer à son tour, en ne se faisant que des blessures légères.

Certainement Soularue n'a pas assassiné sa maîtresse, bien qu'il l'ait frappée de sa propre main, comme tout le prouve. Mais elle était consentante.

Comment a-t-il pu la décider ? C'est là, à mon sens, où la suggestion doit encore intervenir. Profitant du pouvoir qu'il avait sur elle, il a dû peu à peu la persuader qu'elle devait mourir avec lui. Il lui a renouvelé chaque jour cette espèce de suggestion jusqu'au moment où, vaincue par cette volonté plus puissante que la sienne, elle est venue, elle, l'insouciante et légère jeune fille, s'offrir d'elle-même au revolver.

R. von Krafft-Ebing cite un fait d'un autre genre des plus curieux. Un pédéraste, un inverti, lui fit la confession suivante : « J'avais environ vingt-cinq ans quand un ancien capucin me regarda un jour fixement. Il devint comme un méphisto pour moi. Enfin il me parla. Je crois encore entendre aujourd'hui les battements qui remplirent mon cœur ; j'étais comme un être sans vie. Il me donna rendez-vous dans un hôtel pour le soir. J'y allai ; mais, arrivé au seuil, je redoutai quelque terrible mystère. Le deuxième soir le capucin m'aborda de nouveau. Il me parla et m'emmena dans sa chambre. J'étais déjà comme paralysé. Il me mit sur le canapé et me regarda en souriant de ses beaux yeux noirs ; je perdis connaissance. Je ne saurais décrire cette volupté divine et surhumaine qui remplit mon être. Il faudrait, je crois, les oreilles du bien-aimé pour comprendre tout le bonheur que son amour me donna et combien je fus heureux ce soir-là » (1). Ce sont bien là, il me semble, des phénomènes de suggestion.

XV

Les auto-suggestions criminelles à l'état de veille. — Troppmann.
La femme Enjalbert.

Il existe encore, à l'état de veille, de véritables auto-suggestions criminelles. La vengeance en particulier n'est souvent pas autre chose. Ainsi un homme a été outragé par un autre homme ; la colère s'est emparée de lui et il s'est juré de se venger en immolant l'offenseur pour réparer l'offense. Cette idée de vengeance s'est installée dans son cerveau avec toute la ténacité de l'idée fixe ; toutes les remontrances du cœur et de la

(1) R. von Krafft-Ebing. *Psychopathia sexualis*. Beobachtung XXVI p. 74.

raison n'ont servi à rien; bientôt même celle-ci a été comme paralysée. L'idée seule de la vengeance est restée et elle a armé le bras du revolver ou du couteau homicide. Puis, l'acte criminel accompli, l'obsession a naturellement disparu; il y a eu d'abord comme une grande satisfaction ou mieux comme un grand soulagement. Il a semblé à cet homme qu'on lui avait enlevé un grand poids de dessus le cœur, et il a respiré librement. Ensuite, les facultés endormies, fascinées en quelque sorte par l'idée fixe et obsédante, se sont réveillées; et l'auteur du crime a compris toute l'immensité du malheur accompli, étonné et surpris de l'avoir fait; et il considère son œuvre presque comme celle d'un malheureux insensé qui est en lui, mais qui n'est pas lui, et qu'il ne connaît pas.

Au mois de mai dernier, la Cour d'assises de l'Hérault jugeait la femme Enjalbert qui, aidée de son fils, avait assommé un soir sur une grande route son mari infirme pour se débarrasser de lui.

Ce crime fut accompli dans des circonstances absolument étranges. Si les assassins avaient voulu accomplir une vengeance, ils n'auraient pas agi autrement. Ils veulent se débarrasser d'un homme qui les gêne, et le poison n'ayant pas réussi, car il fut prouvé que la femme Enjalbert avait tenté antérieurement d'empoisonner son mari, ils l'entraînent la nuit sur une grande route, l'assomment et le mutilent, puis ils repartent sans même réfléchir qu'on va découvrir le cadavre le lendemain matin et qu'il leur faudra donner des explications. Ne dirait-on pas que ces gens avaient perdu la raison, qu'ils étaient entraînés par la folie du meurtre? Et cependant ce n'était pas cela.

La femme Enjalbert et son fils vivaient depuis des mois avec une idée fixe; faire disparaître le malheureux Enjalbert qui les empêchait de sortir de leur pauvreté. Tout le jour, pendant qu'ils vaquaient à leurs travaux, ils étaient hantés par cette idée du meurtre; sans cesse une voix mystérieuse se faisait entendre à leurs oreilles : Tue-le et tu seras riche. Et ces êtres dont la conscience morale et la sensibilité affective n'étaient que des facultés rudimentaires, n'essayaient même pas de lutter contre cette idée envahissante et tentatrice.

D'autre part, le vieux Gély qui était l'amant de la femme Enjalbert et lui avait promis le mariage, renforçait cette espèce d'auto-suggestion. Par ses promesses criminelles, il contribuait encore à obscurcir leur conscience, à éveiller leurs convoitises et à rendre la tentation du meurtre plus forte et plus impérieuse.

C'est ainsi qu'ils en sont venus à perdre toute prudence, à exécuter ce crime atroce qui ne pouvait que les amener sur l'échafaud. Et ils l'ont accompli avec une espèce d'acharnement impulsif, comme les malheureux qui cèdent à une obession et qui, une fois l'acte accompli, se trouvent comme allégés et débarrassés d'une immense angoisse.

« La suggestion est dans tout, dit M. Bernheim, elle conduit beaucoup de nos actes; et si l'on veut donner à ce mot sa signification la plus large et la plus vraie, on peut dire que dans toutes les actions, bonnes ou mauvaises, la suggestion joue un rôle. Les plus grands crininels ne sont pas toujours les plus coupables. Tropmann n'était peut-être que la victime irresponsable d'une auto-suggestion. Je fais bondir parfois les magistrats quand je leur dis cela.

« Et cependant, voilà un garçon qui, sans avoir commis auparavant d'actes bien répréhensibles, sans antécédents bien mauvais, pour son premier crime, pour son crime d'essai, accomplit cette chose inouie, horriblement monstrueuse, de préméditer et de préparer avec une habileté extraordinaire, de longue main, et de perpétrer l'assassinat d'une famille entière de sept ou huit personnes. Il attire le père dans une forêt de l'Alsace, l'empoisonne avec l'acide prussique et l'enterre; il creuse une fosse dans un champ de Pantin, y attire le fils aîné, l'assomme et l'enterre; il creuse une fosse pour la mère et quatre ou cinq enfants, les y attire aussi, les tue à coups de pioche et les jette pêle-mêle dans la fosse.

« Il veut gagner l'Amérique, se faire passer pour le père qu'il a assassiné et, par je ne sais quelle combinaison, réaliser la modeste fortune de cette famille exterminée. Quelle série de crimes épouvantables pour un bénéfice aléatoire, alors qu'avec cette intelligence, cette audace, il eut pu réaliser un crime simple, plus facile, plus lucratif; il n'était pas, quand on le vit, l'homme aux proportions gigantesques qu'on aurait supposé; c'était un pauvre sire; ni son physique, ni sa trempe morale ne semblaient l'avoir prédestiné à l'acte infernal dont il était l'auteur. L'idée d'un pareil crime peut-elle germer dans un cerveau sain? Seul, un monstre moral peut la concevoir et la réaliser.

« Un monstre est un être pathologique. On disait que l'idée d'un crime analogue était exposée dans un roman de Ponson du Terrail, que l'assassin avait lu. Est-ce de ce livre, est-ce d'ailleurs que cette idée a pris naissance dans ce pauvre cerveau?

« Ne s'est-il pas imposé comme une obsession, comme une auto-suggestion irrésistible, contre laquelle la raison a peut-être lutté, sans pouvoir l'expulser.

« Comme une tumeur maligne qui évolue dans un organe, cette conception monstrueuse, morbide, s'est implantée dans

TROPMANN

son cerveau, a pris possession de lui, de même que chez
d'autres s'implante, sans raison, l'idée fixe du suicide, et
par une évolution fatale, elle a armé son bras et l'a conduit
à réaliser brutalement cette chose infernale. Je n'affirme pas
que telle soit la vérité, je l'ignore; mais je dis que cela est
possible. »

Je pourrais multiplier presque à l'infini ces exemples d'auto-
suggestions criminelles. En effet, qu'est-ce que la tentation
chez le voleur, sinon une sorte de fascination? N'en est-il pas
de même aussi pour bien des attentats à la pudeur ou des viols
sur des petites filles? C'est une idée étrange qui s'installe sous
le crâne d'un homme et où bien souvent l'instinct sexuel n'est
pour rien, puisqu'il pourrait facilement et sans danger se
satisfaire ailleurs; cette idée hypnotise en quelque sorte les
facultés supérieures qui régissent nos actes et le malheureux,
comme une boussole aimantée, cède à l'obsession qui l'entraîne.

Les idées fixes des aliénés ne sont pas autre chose; ce sont
des phénomènes de même ordre; les facultés de raisonnement
sont abolies et laissent le champ libre à l'automatisme.

XVI

Comment on peut déjouer les suggestions criminelles.

Tel est le tableau des suggestions criminelles les plus com-
munes. Je crois les avoir passées à peu près toutes en revue et,
pour chacune d'elles, j'ai mis en présence les opinions des
diverses écoles.

En somme l'irresponsabilité des sujets hypnotisés, qu'on amènerait à commettre des crimes, est admise par tous. « Seul celui qui a donné la suggestion est coupable, dit M. Liégeois ; seul il doit être poursuivi et puni. Le somnambule a été pour lui un pur et simple instrument, comme le pistolet qui contient la balle ou le vase qui renferme le poison ».

Je n'indiquerai point ici la marche à suivre dans les expertises médico-légales, au cas où des faits analogues à ceux que j'ai cités, viendraient à se produire. Cette étude a déjà été faite d'une façon très complète et je me contenterai de renvoyer aux ouvrages cités de Liégeois, Ladame, Gilles de la Tourette.

Il est un point cependant que je retiendrai. Supposons qu'un crime a été commis par un somnambule. L'examen a fait reconnaître que le sujet est hypnotisable, suggestionnable. Mais quel est l'auteur de la suggestion criminelle ? si celui-ci lui a suggéré l'amnésie, comme dans certains exemples que j'ai rapportés. M. Liégeois indique le moyen de tourner la suggestion. « Puisque le prévenu, dit-il, en vertu de l'ordre reçu, ne dénoncera jamais directement l'auteur de la suggestion, il faut le lui faire dénoncer indirectement, par des actes dont il ne comprend pas le but, ou même par des démarches auxquelles on donnera une apparence de protection et de défense pour le criminel lui-même ». Ainsi X... a tué Z..., A... est l'auteur présumé de la suggestion et X... refuse de le dénoncer. Alors on dit à X... : Quand celui qui vous a ordonné de tuer Z... entrera, vous éclaterez de rire, ou bien vous vous endormirez, ou bien vous vous placerez devant lui pour le cacher. X... obéira à ces suggestions qui ne sont pas directement et expressément contraires à l'amnésie suggérée, et le véritable coupable tombera ainsi aux mains de la justice, « parce qu'il lui aura été impossible de tout prévoir et d'écarter tous les dangers par une suggestion d'amnésie, si large et si compréhensible qu'elle soit ». Et ainsi M. Liégeois en vient à conclure comme M. Gilles de la Tourette et comme moi : « Alors s'évanouit la sécurité absolue dont paraissaient jusqu'ici pouvoir se targuer ceux qui voudraient recourir à la suggestion pour faire accomplir un crime par un sujet hypnotisable. La justice reprend ses droits ; la suggestion criminelle reste possible en théorie, mais devient, en pratique, extrêmement dangereuse, pour ceux qui seraient tentés d'en faire usage. (1)

XVII

La suggestion employée pour arracher des aveux aux criminels

Enfin je terminerai par une dernière question dans laquelle je n'apporterai pas une réponse, mais un fait réel, un fait non expérimental.

Pourrait-on, pendant le somnambulisme, faire parler un criminel réticent et lui arracher des aveux ?

Je ne discuterai pas ici la valeur morale de ce procédé d'information et je n'hésite pas à le condamner, partageant en cela pleinement l'opinion de M. Liégeois. « Il y aurait là, dit-il, une sorte de piège tendu au malheureux qui se débat sous le poids des charges accumulées contre lui ; sa situation est déjà assez terrible, elle doit trop affaiblir les moyens de défense auxquels il pourrait recourir, pour qu'on y ajoute cette

(1) Liégeois. *Loc cit.* p. 602 et suiv.

sorte de torture morale. Je ne puis reconnaître ici à la justice le droit d'annihiler la volonté du prévenu, en supprimant son libre arbitre. » (1) Mais enfin les aveux qu'on obtiendrait d'un individu mis en somnambulisme, auraient-ils quelque valeur ? Pourraient-ils être considérés comme l'expression de la vérité ? C'est là la question que je m'étais posée.

Il y avait l'an dernier à la prison de la Santé un hystérique hypnotisable et très suggestionnable. Cet homme qui avait déjà subi plusieurs condamnations antérieurement, était accusé de complicité de vol. Voici en deux mots le fait qui avait motivé sa dernière arrestation (2).

X... alla un jour avec sa maîtresse à une foire aux environs de son village. Celle-ci vola un cheval avec une voiture et les lui confia en le priant de ramener bête et attelage à la maison, lui disant qu'elle les avait achetés. Telle est du moins la version de X...

Je le plongeai en somnambulisme et j'essayai de le faire parler, de lui arracher son secret, en annihilant sa volonté. Je ne crois pas avoir fait là rien de contraire à la morale professionnelle. J'ai cherché simplement la solution d'un problème scientifique et je n'eus jamais l'intention de me servir de ce moyen pour le faire condamner ou le faire absoudre.

Je demandai donc à X... endormi :

— On vous accuse de complicité de vol.

— Je suis innocent.

— Vous saviez cependant que le cheval et la voiture avaient été volés.

---

(1) Liégeois Loc. cit. p. 604

(2) Voyez à ce propos in *Revue de l'hypnotisme* de Juillet 1880 : *De la suggestion hypnotique chez les criminels*, par le Dr Em. Laurent.

— Non, non, reprend-il avec énergie ; je n'en savais rien.

— Vous le saviez.

— Je vous jure que non.

— Je vous dis que vous le saviez.

— Non, dit-il déjà plus mollement.

— Je vous assure que vous le saviez ; vous le saviez.

— Oui, je le savais.

— C'est sûr, vous le saviez ?

— Je le savais.

Quel cas fallait-il faire de cet aveu ? Aucun. La preuve ? La voici.

Je dis de nouveau à X...

— Vous ne saviez pas que la voiture avait été volée.

— Si, je le savais.

X... en répondant ainsi, est sous l'influence de ma première suggestion. Sa volonté a été vaincue par la mienne, il s'avoue et se croit coupable. Je continue, et sa volonté va de nouveau plier sous ma suggestion.

— Vous ne saviez pas que la voiture avait été volée.

— Si je le savais.

— Non, je vous dis que vous n'en saviez rien.

— Non, je n'en savais rien.

Et, en effet, en ce moment, X... ne sait plus s'il le savait ou s'il ne le savait pas. Il croit ce que je lui dis et sa volonté flottante et incertaine se plie à toutes les absurdités. Je le réveillai. Etait-il coupable ou n'était-il pas coupable ? Je n'en savais absolument rien.

Je tentai une nouvelle expérience. J'endormis X..., et cette fois je commençai par lui suggestionner de ne me dire que la vérité. Comme la première fois, toutes ses réponses furent ce que je voulus qu'elles fussent.

Dira-t-on que je n'aurais pas une assez grande influence sur sa volonté pour l'amener à mettre sa conscience à nu ? Je croirais plutôt le contraire.

J'ai beau lui ordonner de dire la vérité; la vérité, pour lui, c'est ce que je lui dirai, ce que je lui ferai croire. Son moi volitionnel n'existe plus. Il ne possède plus « ce vouloir à deux tranchants qui peut se tourner dans un sens ou dans l'autre, vers le oui ou le non »; sa volonté n'est plus qu'une girouette désorientée, obéissant aux impulsions d'une autre volonté plus puissante qui la dirige et la gouverne.

J'aurais pu faire tout avouer ou tout nier à cet homme, j'aurais pu le faire jurer la main sur un brasier. Mais la vérité? Impossible de la démêler.

Ainsi ce mode d'information n'offrirait aucune garantie de véracité et je concluerais volontiers avec M. Arthur Desjardins : « Le juge qui aurait recours à ce procédé d'inquisition, devrait être flétri et dépouillé de sa robe. »

TABLE DES MATIÈRES

www.ingramcontent.com/pod-product-compliance
Lightning Source LLC
LaVergne TN
LVHW050102060726
842524LV00003B/877